돼지학교에 오신 것을
환영합니다!

백명식 글·그림

강화에서 태어나 서양화를 전공했습니다. 출판사 편집장을 지냈으며, 다양한 분야의 책과 사보, 잡지 등에 그림을 그리고 있습니다. 특히 어린이들이 좋아하는 책을 쓰고 그릴 때 가장 행복하다고 합니다. 그린 책으로는 《WHAT 왓? 자연과학편》《책 읽는 도깨비》《자연을 먹어요 시리즈》 등이 있으며, 쓰고 그린 책으로는 《인체과학 그림책 시리즈》《돼지학교 과학 시리즈》《저학년 스팀 스쿨 시리즈》 등이 있습니다. 소년한국일보 우수도서 일러스트상, 중앙광고대상, 서울일러스트상을 받았습니다.

이정 감수

초등수학교육과를 졸업하고, 현재 서울대광초등학교에서 아이들을 가르치고 있습니다. 2009, 2007 개정 수학교과서 집필위원으로 참여했으며 교육청 영재교육원과 지역공동 영재학급, 서울교대 부설 영재교육원에서 강의하고 있습니다. 전국수학교사모임 초등부 국장을 맡고 있습니다.

전국수학교사모임(The Korean Society of Teachers of Mathematics) 추천

수학 교육의 발전과 수학의 대중화를 목적으로 결성된 수학 교사들의 연구 단체입니다. 수학 교육의 발전과 전망을 위해 연구하고 자료를 개발합니다. 수학 교육이 나아갈 길을 찾고 아이들과 함께하는 수학 수업이 되도록 꾸준히 연구하고 있습니다.

돼지학교 수학 9

우주목수를 이긴 돼지

백명식 글·그림 | 이정(전국수학교사모임) 감수

초판 인쇄일 2015년 10월 20일 | **초판 발행일** 2015년 10월 31일
펴낸이 조기룡 | **펴낸곳** 내인생의책 | **등록번호** 제10호-2315호
주소 서울시 영등포구 당산동4가 80 SKV1 Center W1801호
전화 (02)335-0449, 335-0445(편집) | **팩스** (02)6499-1165
전자우편 bookinmylife@naver.com | **홈카페** http://cafe.naver.com/thebookinmylife
편집장 이은아 | **편집1팀** 신인수 조정우 이다겸 김예지 | **편집2팀** 강성구
디자인 안나영 김지혜 | **경영지원** 김지연 조하늘

ISBN 979-11-5723-219-2 (74410)
ISBN 979-11-5723-135-5 (세트)

ⓒ 백명식, 2015

책값은 뒤표지에 있습니다.
잘못된 책은 구입처에서 바꾸어 드립니다.

이 도서의 국립중앙도서관 출판시도서목록(CIP)은 e-CIP홈페이지(http://www.nl.go.kr/ecip)와 국가자료공동목록시스템(http://www.nl.go.kr/kolisnet)에서 이용하실 수 있습니다. (CIP제어번호: CIP2015027895)

돼지학교 수학 9

우주목수를 이긴 돼지

다각형

백명식 글·그림 | 이정(전국수학교사모임) 감수

내인생의책

"수학 마녀님, 튼튼한 요새를 짓는 법을 알고 싶어요."
큐리가 수학 마녀에게 말했어.
"요새라고?"
수학 마녀가 물었어.
"네. 요새요. 마왕이 수학 지식을 몽땅 빼앗아 가는 바람에
스콧별 사람들은 튼튼한 요새를 지을 수 없게 되었어요.
마왕과 싸우려면 튼튼한 요새가 꼭 필요해요."
"요새라면 우주목수의 솜씨가 제일이지.
하지만 요새를 지어 달라고 부탁하려면
우주목수와 대결해서 이겨야 해! 쉽지 않은 일이지."
수학 마녀가 한숨을 폭 내쉬며 말했어.

"우주목수를 이길 수 있게 도와주세요!"
꾸리가 수학 마녀를 졸랐어.
"우주목수를 이기려면 다각형에 대한 절대 지식이 필요해. 우주목수와의 대결에서 지면 곧 죽음이야. 그런데도 괜찮겠니?"
"네!"
큐리와 어스와 돼지 삼총사가 한목소리로 대답했어.
"좋아. 그럼 먼저 우주목수가 만든 작품을 보면서 다각형에 대해 학습해 보자."
수학 마녀는 친구들을 마법의 빗자루에 태우고 하늘로 붕 날아올랐어.

눈 깜짝할 새에 우주목수가 사는 행성에 도착했어.
"와!"
모두들 입이 쫙 벌어졌어.
행성 전체가 다양한 모양의 건물들로 가득했거든.
"저기 봐. 로켓 모양 건물이야!"
"저건 기린 모양이네."

"저건 배 모양이다!"
돼지 삼총사가 한마디씩 내뱉었어.
"여기 세워진 건물 모두가 우주목수의 작품이란다."
수학 마녀가 친구들에게 알려 주었어.

꿀꿀 더 알아보기

다각형이란?

3개 이상의 선분으로 둘러싸인 도형을 말해요. 삼각형, 사각형, 오각형, 육각형 등과 같은 도형을 모두 다각형이라고 하지요. 세모난 삼각 김밥은 삼각형, 네모난 책은 사각형, 벌집은 육각형 모양을 하고 있어요. 우리 주변에 있는 사물들은 어떤 도형으로 되어 있는지 두 눈을 크게 뜨고 찾아보세요.

"이 행성은 모두 다각형으로 되어 있단다.
그럼 지금부터 다각형 이름 알아맞히기를 해 볼까?
이 다각형의 이름은?"
마녀가 가장 가까이 있는 도형을 가리키며 물었어.
"선분 네 개로 둘러싸여 있으니까, 사각형이에요."
데이지가 자신 있는 목소리로 대답했어.
"딩동댕. 아주 잘 맞혔어."
마녀는 데이지를 칭찬한 뒤에 계속해서 질문을 던졌어.

꿀꿀 더 알아보기

다각형의 종류

3개의 선분으로 둘러싸인 도형은 삼각형, 4개의 선분으로 둘러싸인 도형은 사각형, 5개의 선분으로 둘러싸인 도형은 오각형, 80개의 선분으로 둘러싸인 도형은 팔십각형이에요. 다각형의 이름은 변의 개수에 따라 정해진답니다. '변'은 다각형을 이루고 있는 선분이에요.

"어? 이 도형의 이름은 뭘까?"

꾸리가 한 도형 앞에서 고개를 갸우뚱했어.

도형은 마치 그리다 만 다이아몬드처럼 한쪽이 뚫려 있었어.

"그것도 몰라? 선분이 다섯 개니까 오각형이지!" 데이지가 아는 척했어.

"땡. 이건 다각형이 아니야." 큐리가 말했어.

"뭐? 선분으로 되어 있는데?" 꾸리와 데이지가 동시에 소리쳤어.

"얘들아 선분으로 되어 있다고 모두 다각형은 아니란다."

수학 마녀가 웃으면서 말했어.

선분은 양 끝점이 있어서 자로 잴 수가 있단다.

오호 그렇군.

꿀꿀ξ 더 알아보기

선분이 3개 이상 있으면 모두 다각형일까?

선분이 3개 이상이어도 곡선이 포함된 도형은 다각형이 아니에요. 다각형은 직선으로만 이루어진 도형이랍니다. 또, 안과 밖이 구별되도록 모든 선분이 닫혀 있어야 해요. 열린 부분이 있으면 다각형이 아니지요.

"얘들아 이쪽으로 와 봐. 쌍둥이 다각형이야."

도니가 손짓했어.

다들 도니가 있는 곳으로 달려갔어.

"뭐가 쌍둥이야?"

"이것 봐. 사각형은 사각형인데 네 변의 길이가 모두 같고
네 각의 크기도 같잖아. 변끼리, 각끼리 같은 게 꼭 쌍둥이처럼 보이는걸?"

도니가 손으로 도형을 가리키며 말했어.

"이런 도형은 쌍둥이 다각형이 아니라 정다각형이라고 하는 거야."

큐리가 빙긋 웃으며 말하자, 도니의 얼굴이 빨개졌어.

꿀꿀 더 알아보기

정다각형이란?

다각형 중에서 변의 길이와 각의 크기가 모두 같은 다각형을 '정다각형'이라고 해요. 예를 들어, 삼각형 중에서 변의 길이와 각의 크기가 모두 같은 삼각형은 정삼각형, 사각형 중에서 변의 길이와 각의 크기가 모두 같은 사각형은 정사각형이라고 불러요.

"우주목수는 어디에 있나요?"
큐리가 수학 마녀에게 물었어.
"아마도 우리가 지금 있는 곳의 대각선에 있을 거야."
마녀가 행성의 전개도를 보면서 대답했어.
"대각선이요? 그럼 이쪽? 요쪽? 저쪽?"
도니가 손가락을 뻗어 사방을 가리켰어.
그 모습이 마치 디스코를 추는 것 같았지.
"깔깔깔. 히히히."
모두가 도니를 따라 하며 웃었어.

꿀꿀 더 알아보기

대각선과 대각

다각형에서 서로 이웃하지 않는 두 꼭짓점을 이은 선분을 '대각선'이라고 해요. 삼각형은 모든 꼭짓점이 서로 이웃하고 있어서 대각선이 없어요. 사각형은 각 꼭짓점에 이웃하지 않는 꼭짓점이 1개씩 있기 때문에 이웃하지 않는 점끼리 이으면 2개의 대각선이 만들어져요. 다각형에서 한 변이나 한 각과 마주 보는 각은 '대각'이라고 해요. 비슷해 보이는 다각형이라도 모양에 따라 대각이 조금씩 달라진답니다.

대각선과 대각을 그려 봐요

① 대각선의 길이가 같은 사각형 : 직사각형, 정사각형
② 대각선의 길이가 다른 사각형 : 사다리꼴, 평행사변형, 마름모
③ 대각이 같은 사각형 : 직사각형, 정사각형, 평행사변형, 마름모
④ 대각이 다른 사각형 : 사다리꼴

"이 행성은 육각형 모양이야. 육각형의 대각선은 몇 개일까?"
수학 마녀의 질문에 돼지 삼총사가 열심히 대각선을 세기 시작했어.
육각형 앞으로 가서 손가락으로 그려 보는가 하면
마음속으로 그림을 그려 가며 세어 보기도 했어.
"하나, 둘……"
그런데 그때 큐리가 바로 대답했어.
"아홉 개요."
"역시 수학박사 큐리인걸."
마녀가 큐리의 머리를 쓰다듬어 주었어.
큐리는 대각선을 세지도 않고 어떻게 대각선 개수를 알았을까?
바로 공식을 알고 있었기 때문이야.

공식을 외우면 간단하지.

하나, 둘, 셋……

꿀꿀 더 알아보기

대각선의 개수

다각형에서 대각선의 개수를 일일이 세지 않고 구하는 방법이 있어요.
바로 공식을 이용하는 거예요.
(대각선의 총 개수)=(꼭짓점의 개수)×(꼭짓점의 개수−3)÷2
따라서, 육각형의 대각선 개수는 6×(6−3)÷2=9이므로 육각형 모양인
우주목수의 행성은 대각선이 9개랍니다.

"우주목수는 어떻게 이 많은 다각형을 만들었을까요?"
도니가 수학 마녀에게 물었어.
"우주목수에게는 특별한 도구가 있어."
"특별한 도구라고요?"
"바로 자와 각도기야. 자와 각도기만 있으면, 그 어떤 다각형도 뚝딱 만들 수 있지. 게다가 우주목수는 다각형의 비밀을 알아서
눈 깜짝할 사이에 다각형을 만들 수 있었단다."
"다각형의 비밀이요?"
큐리와 어스, 돼지 삼총사는 수학 마녀의 말 한 마디 한 마디가 신기하기만 했어.

특별한 도구?

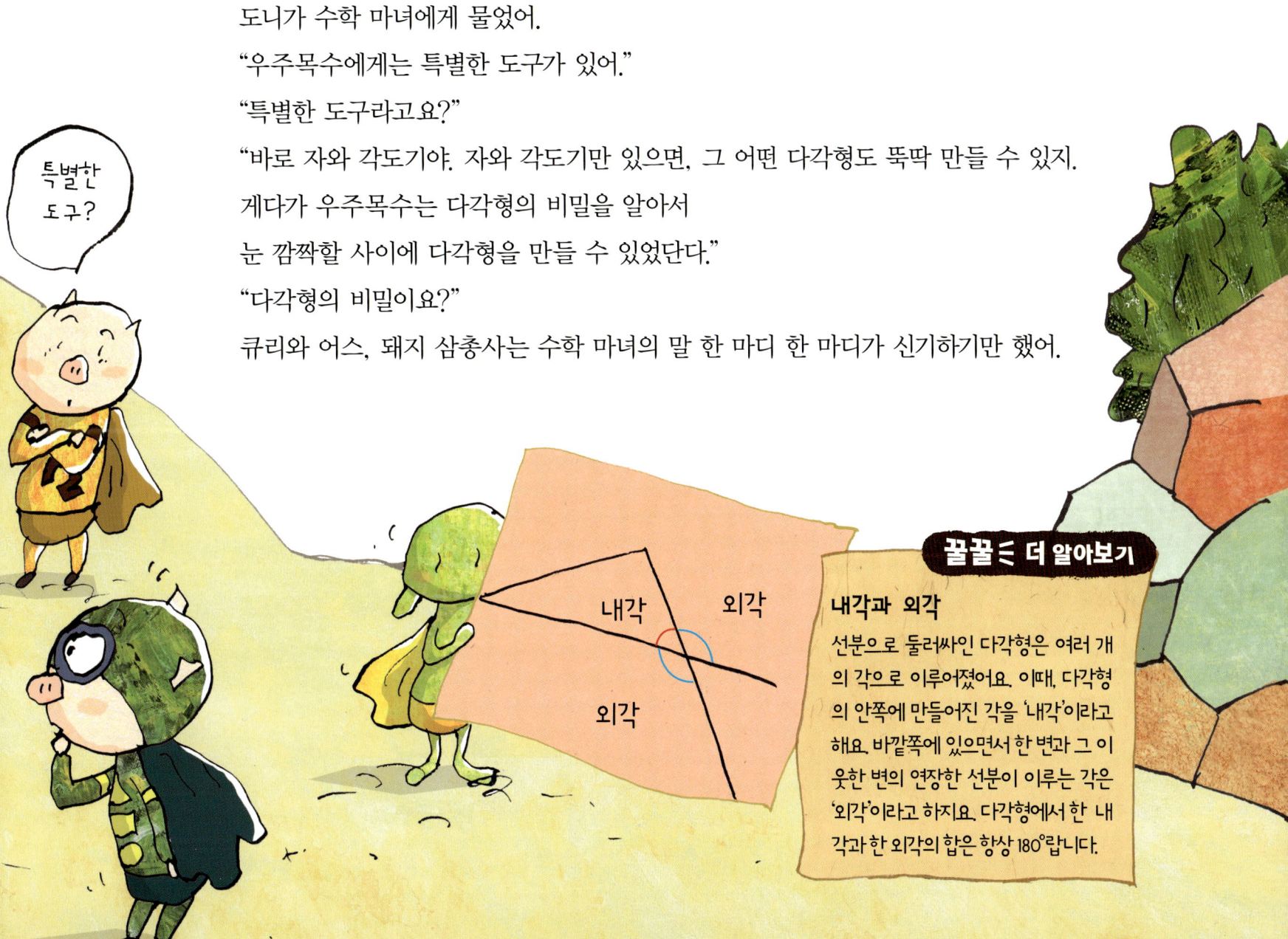

꿀꿀 더 알아보기

내각과 외각

선분으로 둘러싸인 다각형은 여러 개의 각으로 이루어졌어요. 이때, 다각형의 안쪽에 만들어진 각을 '내각'이라고 해요. 바깥쪽에 있으면서 한 변과 그 이웃한 변의 연장한 선분이 이루는 각은 '외각'이라고 하지요. 다각형에서 한 내각과 한 외각의 합은 항상 180°랍니다.

"그래 맞아. 삼각형 내각의 합이 180도이면, 육각형 내각의 합은 얼마일까?"

"그, 그건……."

아이들이 머뭇거리자 마녀가 힌트를 주었어.

"삼각형으로 나눠서 생각해 보려무나."

"육각형은 삼각형 네 개로 나뉘니까 180도에 4를 곱하면 720도예요."

이번에도 큐리가 제일 먼저 대답했어.

"딩동댕. 잘 맞혔어. 그런데 다각형마다 내각의 크기는 다르지만, 외각의 합은 모두 360도로 똑같단다."

"정말요?"

큐리와 어스, 돼지 삼총사가 신기해하며 수학 마녀에게 물었어.

꿀꿀 더 알아보기

다각형의 내각의 합 구하는 법

다각형 내각의 합은 삼각형을 이용해서 구해요. 먼저 다각형을 삼각형으로 쪼개어요. 그렇게 나온 삼각형의 개수에 180°를 곱해요. 삼각형 내각의 합이 180°이므로 180°를 곱하는 거예요. 예를 들어 오각형은 삼각형 세 개로 나눌 수 있어요. 그러므로 오각형 내각의 합은 540°가 되겠지요(3×180°=540°).

"얘들아, 이제 우주목수를 만나러 갈 거다. 각오는 되어 있겠지?"

"네!"

수학 마녀의 말에 큐리와 어스, 돼지 삼총사가 씩씩하게 대답했어.

마법 빗자루가 대각선 방향으로 힘차게 날아갔어.

드디어 우주목수가 집 앞에 도착했어.

"우주목수님, 우주목수님!"

돼지 삼총사가 큰 소리로 우주목수를 불렀어.

하지만 아무 대답이 없었어.

"우주목수가 타일로 무얼 만들고 있었던 것 같다. 멀리 가지 않았을 거야."

수학 마녀가 바닥에 수북이 쌓인 삼각형 타일을 보며 말했어.

꿀꿀 더 알아보기

삼각형은 마술사

모든 다각형은 삼각형으로 나눌 수 있어요. 사각형은 삼각형이 2개, 오각형은 삼각형이 3개, 육각형은 삼각형이 4개로 나누어진답니다. 정말 신기하죠!

그때였어. "냠냠, 쩝쩝."
우주목수가 피자를 먹으면서 나타났어.
어깨에는 커다란 각도기와 자를 메고 말이야.
"너희는 누구지? 나랑 한판 붙기 위해 온 것 같은데, 점심시간도 몰라?"
"식사를 방해해서 미안해요. 너무 급한 사정이 있어서요."
우주목수의 말에 수학 마녀가 정중하게 대답했어.
"와, 피자다! 우주목수님 피자 좀 나눠 주시면 안 될까요?"
도니가 군침을 흘리며 물었어.
"뭐라고? 당돌한 녀석이군. 여기 있다. 등분해서 먹어라."
목수가 오각형의 피자를 도니에게 줬어. 이 행성에서는 피자도 다각형 모양이야. 하하.
"등분이라고요?"
"크하하하! 등분도 모르는 녀석들이 나랑 한판 붙어 보겠다고?"
도니가 묻자, 목수는 입에서 피자 조각이 떨어지는 줄도 모르고 웃어 댔어.

꿀꿀? 더 알아보기

등분이란?
어떤 도형을 크기와 모양이 같도록 나누는 것을 '등분'이라고 해요. 모든 다각형을 등분할 수는 없어요. 하지만 정다각형은 등분할 수 있답니다.

"그건 식은 죽 먹기예요."

큐리가 순식간에 오각형의 피자를 삼각형 모양으로 나눠서 5등분했어.

"제법이군. 그럼 이번에는 이걸 나눠 봐."

우주목수는 평행사변형 모양의 피자를 던져 주었어.

"이것도 문제없어요."

큐리는 평행사변형을 요리조리 자르더니 금세 길쭉한 사각형 모양으로 5등분했어.

삼각형으로 모든 다각형을 등분할 수 있어요.

평행사변형은 마주 보는 변의 길이가 같으므로, 각 변을 5등분해서 잇는 방법으로도 평행사변형을 5등분할 수 있어.

1. 왼쪽에 빗금쳐진 삼각형을 오른쪽으로 옮기면 직사각형이 돼요.

2. 직사각형을 5등분하면 평행사변형을 5등분한 것과 값이 같답니다.

꿀꿀 더 알아보기

다각형 등분하기

다각형을 등분하는 방법은 여러 가지예요. 사각형을 4개의 삼각형으로 등분할 수도 있고, 2개의 기다란 직사각형으로도 등분할 수도 있어요. 그밖에 어떻게 등분할 수 있는지 생각해 보세요. 그런데 신기하게도 모든 다각형은 삼각형 모양으로 나누어진답니다.

"결투를 받아들이겠다. 그 대신 너희 중 누구랑 붙을지는 내가 고르겠다."
"뭐라고요? 그런 법이 어디 있어요?"
우주목수의 말에 돼지 삼총사가 한목소리로 소리쳤어.
"여긴 내 별이니 내 맘이다. 너 이리 나와."
우주목수는 돼지 삼총사의 말을 들은 척도 안 하고 도니를 가리키며 말했어.
"앗! 말도 안 돼요. 나는 안 돼요."
도니가 겁에 질려 더듬거리며 땀을 뻘뻘 흘렸어.
"자, 이 타일로 집을 먼저 만드는 사람이 이기는 거다. 하나, 둘, 셋, 시작!"
우주목수는 자기 멋대로 대결을 시작했어.

꿀꿀 더 알아보기

다각형 만들기

여러 개의 모양 조각을 이용하여 다각형을 만들 때는 먼저 각각의 모양 조각의 크기와 변의 길이, 내각의 크기 등을 잘 살펴야 해요. 그런 다음 어떤 조각들을 어디에 어떻게 붙여야 하는지 생각하면서 차례대로 만들어 가면 된답니다.

"이 일곱 개의 다각형을 모두 사용해서 집을 만들라고요?"
도니 머릿속이 하얘졌어.
1초, 2초, 3초……. 모두가 숨죽이고 도니만 바라봤어.
"그래. 이건 칠교놀이야!"
갑자기 도니가 큰 소리로 말하더니 손을 움직이기 시작했어.
"완성!"
도니와 우주목수가 동시에 외쳤어.
히히, 도니가 어떻게 집을 만들었느냐고? 수학 마녀가 마술을 건 거야.
우주목수는 이 사실을 까맣게 몰랐지.

꿀꿀 더 알아보기

칠교놀이란?

동양의 퍼즐 놀이 중 하나예요. 일곱 개의 조각으로 이루어진 정사각형의 도형을 이리저리 움직여 여러 가지 모양을 만드는 놀이를 말해요. 큰 직각삼각형 2개, 중간 직각삼각형 1개, 작은 직각삼각형 2개, 정사각형과 평행사변형 각각 1개로 이루어져 있지요.

"무승부라니. 말도 안 돼!"
우주목수가 씩씩거리며 말했어.
"자, 이제 어떡할까요? 재대결을 할까요?
아니면 우리의 부탁을 들어 줄래요?"
수학 마녀가 우주목수에게 물었어.
"내 사전에 재대결은 없다.
무슨 부탁인지 말해라."

"와, 만세!"
우주목수의 말에 큐리와 어스, 돼지 삼총사가
팔짝팔짝 뛰며 기뻐했어.
"빈틈없는 튼튼한 요새를 지어 주세요."
큐리가 간절한 목소리로 부탁했어.
"빈틈없는 요새를 원한다면 정육각형으로 만들면 되겠군.
정육각형은 가장 적은 변으로도 견고하게 만들 수 있거든."
우주목수가 흔쾌히 소원을 들어줬어.

정육각형이 완벽한 구조라고?

감히! 내 집을 흉내 내다니!!

꿀꿀🐝 더 알아보기

타고난 건축가 벌

달콤한 꿀을 선물하는 꿀벌은 집짓기 왕이에요. 벌집은 육각형 모양의 수많은 방으로 이루어져 있지요. 벌은 왜 육각형 모양으로 방을 만들었을까요? 빈틈없이 면을 채울 수 있기 때문이에요. 그래서 육각형 모양으로 집을 지으면 튼튼하답니다. 빈틈이 없으니까요.

정육각형 말고 틈새가 없이 이어 붙일 수 있는 도형에는
정삼각형과 정사각형이 있어요.
정삼각형의 경우, 정삼각형 6개를 이어 붙이면 $60°×6=360°$가 되어요.
정사각형의 경우, 정사각형 4개를 이어 붙이면 $90°×4=360°$가 되지요.

〈퀴즈〉

다음과 같은 모양의 조각 7개 중 6개를
사용하여 팔각형의 집을 만드세요.

팔각형 집을 만들면 이렇게 된단다.

순식간에 우주목수가 자와 각도기로 요새를 만들었어.
틈새라고는 찾으려야 찾을 수 없는 아주 튼튼한 요새였지.
"와!"
모두가 깜짝 놀라 입이 쩍 벌어졌지.
"이제 마왕에게 침략당하는 일은 결코 없을 거야."
"맞아. 엄마 아빠도 무척 좋아할 거야."
큐리와 어스가 손을 맞잡고 기뻐했어.
물론 수학 마녀와 돼지 삼총사도 엄청 기뻤지.

빈틈없는 요새야!

역시 훌륭한 우주목수님입니다! 헤헤.

노래를 들어 봐요♪

용감한 돼지 삼총사와 떠나는 창의적 수학 교과서
돼지학교 수학

돼지학교 수학 시리즈는 초등 수학의 다섯 가지 영역인 수와 연산, 도형, 측정, 규칙성, 확률·통계의 기초를 다지면서 여러 가지 현상과 생활이 연결된 수학적 의미와 수학의 역사, 수학자 이야기, 생활 속 수학 등을 스토리텔링 방식으로 익힐 수 있게 구성된 수학 책입니다. 돼지 삼총사와 함께 떠나는 신 나는 수학 여행! 그 속에서 여러 가지 미션을 수행하며 자연스럽게 창의적 문제해결 능력을 키울 수 있습니다.

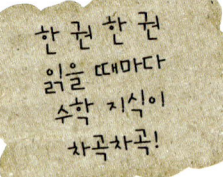
한 권 한 권 읽을 때마다 수학 지식이 차곡차곡!

실생활 속 숨어 있는 수학 원리가 머리에 쏙쏙!

돼지 삼총사와 떠나는 모험으로 수학적 문제해결 능력이 쑥쑥!

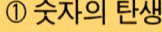

① 숫자의 탄생　⑥ 다양한 연산법　⑪ 측정의 단위　⑯ 비와 비율
② 고대 숫자　　⑦ 평면도형　　　⑫ 시간과 시각　⑰ 집합
③ 약수와 배수　⑧ 입체도형　　　⑬ 통계와 그래프　⑱ 자연 속 수학
④ 분수와 소수　⑨ 다각형　　　　⑭ 확률　　　　　⑲ 예술 속 수학
⑤ 사칙 연산　　⑩ 원　　　　　　⑮ 함수　　　　　⑳ 역사 속 수학

용감한 돼지 삼총사와 떠나는 창의적 융합과학 교과서

돼지학교 과학

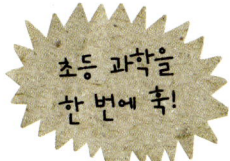
초등 과학을 한 번에 쏙!

초등 과학의 네 가지 영역인 생명, 지구와 우주, 물질, 운동과 에너지 분야를 모두 학습할 수 있도록 구성되었습니다. 꼭 알아야 할 초등 과학 지식을 주제별로 한 권에 하나씩 담아 초등 과학 과정 전체를 선행 학습할 수 있게 도와줍니다.

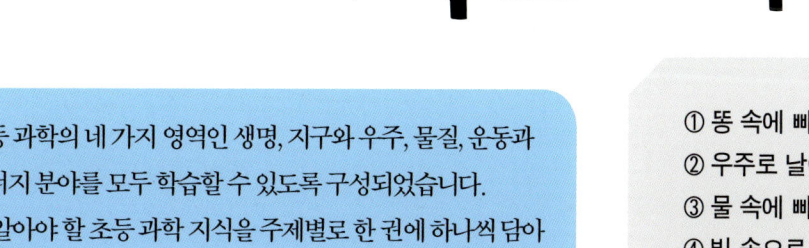

① 똥 속에 빠진 돼지 소화와 배설
② 우주로 날아간 돼지 태양계와 별
③ 물 속에 빠진 돼지 물의 순환
④ 빛 속으로 날아간 돼지 빛과 소리
⑤ 뇌 속에 못 들어간 돼지 뇌의 구조와 기능
⑥ 뼈 속까지 들여다본 돼지 뼈의 구조와 기능
⑦ 달에 착륙한 돼지 지구와 달
⑧ 구름을 뚫고 나간 돼지 날씨와 기후 변화
⑨ 줄기 속으로 들어간 돼지 식물의 종류와 한살이
⑩ 개미지옥에 빠진 돼지 곤충의 한살이
⑪ 갯벌을 찾아 나선 돼지 갯벌의 동식물과 생태
⑫ 자동차 속으로 들어간 돼지 교통수단의 발달과 원리
⑬ 미생물을 먹은 돼지 미생물의 종류와 하는 일
⑭ 땅속을 뚫고 들어간 돼지 지층과 화석
⑮ 알을 주워 온 돼지 알과 껍데기
⑯ 열 받은 돼지 핵과 에너지
⑰ 로켓을 버리고 날아간 돼지 로켓과 우주선
⑱ 고래를 따라간 돼지 고래의 종류와 생태
⑲ 마술 부리는 돼지 산과 염기
⑳ 로봇 속으로 들어간 돼지 로봇의 원리와 하는 일

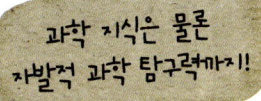
과학 지식은 물론 자발적 과학 탐구력까지!

다양한 모험 속에서 돼지 삼총사가 여러 가지 미션을 수행하는 과정을 통해 초등 과학 지식뿐만 아니라, 어린이들이 그 지식을 바탕으로 좀 더 깊고 넓게 학습할 수 있는 자발적 과학 탐구력까지 길러 줍니다.

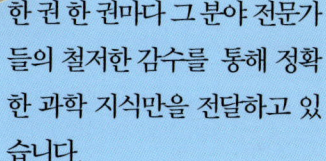
전문가의 손길이 닿은 정확한 내용

한 권 한 권마다 그 분야 전문가들의 철저한 감수를 통해 정확한 과학 지식만을 전달하고 있습니다.